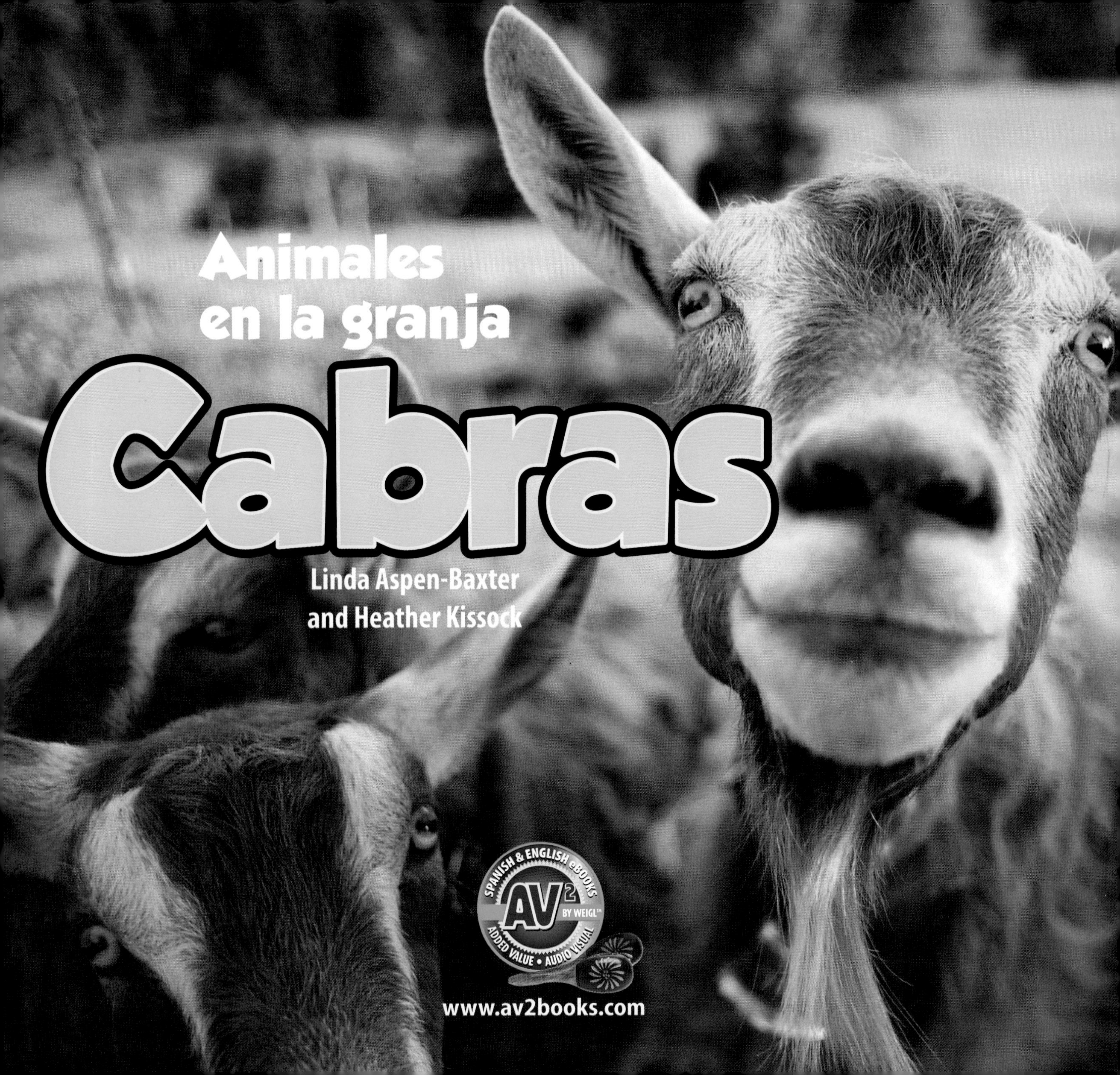
Animales en la granja
Cabras
Linda Aspen-Baxter and Heather Kissock
SPANISH & ENGLISH eBOOKS
AV2 BY WEIGL
ADDED VALUE • AUDIO VISUAL
www.av2books.com

Go to **www.av2books.com**, and enter this book's unique code.

BOOK CODE

V388718

AV² by Weigl brings you media enhanced books that support active learning.

This AV² media enhanced book gives you a fully bilingual experience between English and Spanish to learn the vocabulary of both languages.

English

Spanish

Animales en la granja

Cabras

CONTENIDO

Soy un pequeño animal de granja. Los granjeros me crían por mi leche y mi lana.

Soy un mamífero. Tengo pelo por todo el cuerpo.

Tengo cuatro patas fuertes. Las uso para saltar, trepar, correr y arrastrarme.

Me crecen cuernos
encima de la cabeza.
Mis cuernos nunca
dejan de crecer.

Me alimento de pasto, heno y hojas. Trago mi alimento y luego lo regurgito para masticarlo.

¿Cómo les hablo a las otras cabras? Les digo «be-e-e». Esto se llama balar.

Soy muy amigable.
Soy amiga con
otras cabras y
otros animales.

A menudo tengo crías en la primavera.

Mis crías se llaman cabritillos.

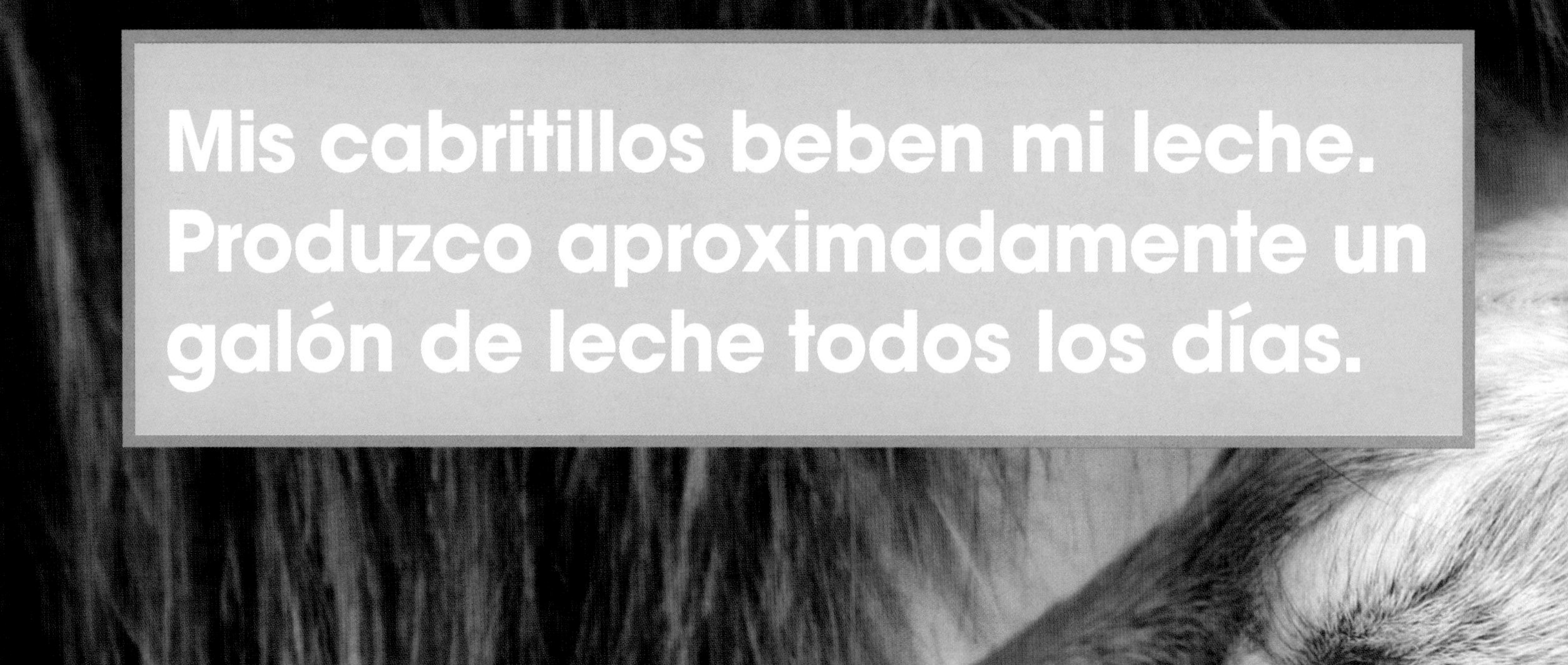

Mis cabritillos beben mi leche. Produzco aproximadamente un galón de leche todos los días.

DATOS ACERCA DE LAS CABRAS

Esta página proporciona más detalles acerca de los datos interesantes que se encuentran en este libro. Basta con mirar el número de la página correspondiente que coincida con el dato.

Páginas 4–5

Los granjeros crían cabras por la leche y la lana. Su leche se usa en una variedad de productos. Aparte de ser una bebida, la leche se usa para hacer jabones y quesos. Pueden tener pelo largo o corto, que puede ser rizado, sedoso o grueso. El pelo de las cabras de cachemira y de angora se usa para hacer suéteres y otras prendas de vestir.

Páginas 6–7

Las cabras son mamíferos. Hay tres rasgos principales que diferencian a los mamíferos de los otros animales: tienen pelo en todo el cuerpo, tienen sangre caliente (o sea que producen su propio calor corporal) y las hembras producen leche para alimentar a sus crías.

Páginas 8–9

Las cabras tienen patas fuertes que usan para saltar, trepar, correr y arrastrarse. Las cabras son animales ágiles y activos. Pueden trepar árboles y saltar cercas y otros objetos grandes. Su seguridad al pisar les ayuda a saltar fácilmente de un lugar a otro. Algunas pueden saltar hasta seis pies (1.8 metros) en el aire.

Páginas 10–11

A las cabras les crecen cuernos en la cabeza. Muy pocas cabras carecen de cuernos. Los cuernos son huecos y encorvados hacia atrás. Nunca dejan de crecer. Los machos tienen los cuernos más grandes que las hembras. Usan sus cuernos para embestir a otras cabras y animales que ellos consideran una amenaza.

Páginas 12–13

Las cabras tragan su alimento y luego lo regurgitan para masticarlo. Son rumiantes. Tienen un estómago con cuatro partes que ayudan a descomponer su alimento. Al rumiar, regurgitan el alimento para descomponerlo más y digerirlo. A medida que mastican, añaden saliva al alimento. Esto ayuda con la digestión.

Páginas 14–15

Las cabras se hablan con balidos. Las cabras son animales silenciosos. Tienden a balar sólo cuando están estresadas, hambrientas, enfermas o cuando quieren atención. Las madres balan cuando llaman a sus crías. Ellas pueden reconocer el balido de sus crías.

Páginas 16–17

A las cabras les gusta estar con otras cabras y animales. Las cabras son animales sociales. Son amigables y naturalmente curiosas. Olfateando y mordisqueando, exploran cosas nuevas. Son muy inteligentes. Pueden aprender a abrir los pestillos de corrales y puertas.

Páginas 18–19

Las cabras a menudo paren en la primavera. Sus crías se llaman cabritillos. Su preñez dura aproximadamente cinco meses y luego pare a sus crías. Esto se conoce como el parto. La mayoría de las cabras paren a uno o dos cabritillos a la vez.

Páginas 20–21

Los cabritillos beben la leche de sus madres. Una cabra produce como un galón (3.8 litros) de leche todos los días. Los cabritillos son destetados, o dejan de beber leche, alrededor de los tres meses. Los cabritillos crecen rápidamente. Son considerados enteramente adultos alrededor de los 30 meses de edad.

2 Enter book code **V388718**

3 Fuel your imagination online!

www.av2books.com

Published by AV² by Weigl
350 5th Avenue, 59th Floor New York, NY 10118
Website: www.av2books.com www.weigl.com

Aspen-Baxter, Linda.
[Goats. Spanish]
Cabras / Linda Aspen-Baxter y Heather Kissock.
p. cm. -- (Animales en la granja)
Includes bibliographical references and index.
ISBN 978-1-61913-188-0 (hardcover : alk. paper)
1. Goats--Juvenile literature. I. Kissock, Heather. II. Title.
SF383.35.A8718 2012
636.3'9--dc23
2012018706

Printed in the United States of America in North Mankato, Minnesota
1 2 3 4 5 6 7 8 9 0 16 15 14 13 12

012012
WEP170112

Senior Editor: Heather Kissock
Art Director: Terry Paulhus

Weigl acknowledges Getty Images as the primary image supplier for this title.